Alexander Steffensmeier wurde 1977 in Ostwestfalen geboren. Er studierte an der Fachhochschule Münster Design mit dem Schwerpunkt Illustration und lebt heute als freier Autor und Illustrator in Münster. Seine Geschichten von der Kuh Lieselotte sind längst zu Bestsellern geworden.

Alle Bücher von Lieselotte und noch viel mehr unter:
www.kuh-lieselotte.de

Das große Lieselotte Weihnachtsbuch

**Bastelideen, Rezepte und Spiele
für die Adventszeit**

Alexander Steffensmeier

SAUERLÄNDER

Inhalt

Lieder

Wissen

Spiele

Lieselottes Weihnachtsgeschenk

Lieselotte wartet auf Weihnachten

Wenn im späten Herbst die letzten Blätter von den Bäumen gefallen sind und die Tage immer kürzer werden, beginnt auf Lieselottes Bauernhof langsam die Vorweihnachtszeit. Aber warum vergehen die Tage nicht schneller? Lieselotte und ihre Freunde können es nämlich kaum erwarten, dass endlich Weihnachten ist. Wenn es doch nur schon so weit wäre!

Heute Morgen hat Lieselotte deswegen gleich mehrere Blätter von ihrem Abreißkalender an der Stallwand gezupft. Vielleicht denkt die Bäuerin dann ja, dass es schon ein paar Tage später ist ...

Aber als die Bäuerin zum Melken in den Stall kommt, lacht sie nur.

»Immer mit der Ruhe«, meint sie. »Ich bin nämlich ganz froh, dass wir bis Weihnachten noch etwas Zeit haben. Es gibt ja noch sooo viel zu tun! Ich hoffe, ihr helft alle ein bisschen mit. Und ihr werdet sehen, dann vergehen die Tage wie im Fluge.

Die Zeit vor Weihnachten ist nämlich etwas ganz Besonderes. Man kann draußen zwar nicht mehr so viel spielen wie im Sommer, dafür können wir mit etwas Glück bald durch den Schnee toben.

Und selbst wenn es nur regnen sollte und es draußen kalt und ungemütlich ist, machen wir es uns drinnen im Warmen umso netter.

Schließlich gibt es auch im Haus viel zu tun. Die Vorweihnachtszeit ist nämlich die beste Zeit, um zu backen und zu basteln. Da ist es dann auch nicht schlimm, dass es schon früh am Abend dunkel wird. Dann können wir in Ruhe Kerzenlicht und Weihnachtsdüfte genießen und Plätzchen knabbern und Geschichten lesen.«

Mit diesem Buch kannst du Lieselotte und ihre Freunde auf dem Bauernhof durch die Adventstage begleiten.

Wenn du willst, kannst du das Buch wie einen Adventskalender benutzen. Dann schaust du dir jeden Tag nur die beiden Seiten an, die zu dem Tag gehören.

Oder du blätterst einfach fröhlich drauflos und liest, bastelst, backst oder singst – worauf du gerade Lust hast.

Bei einigen der Bastelideen in diesem Buch musst du etwas vorsichtig sein. Wenn du zum Beispiel mit Kerzen arbeitest, sollte immer ein Erwachsener dabei sein. Und lass Kerzen niemals unbeaufsichtigt brennen.

Auch bei den Rezepten sollte dir ein Erwachsener beim Umgang mit Herd, Backofen und anderen Geräten helfen.

Hoffentlich hast du viel Freude mit diesem Buch und erlebst eine muntere Vorweihnachtszeit!

Wir zählen die Tage

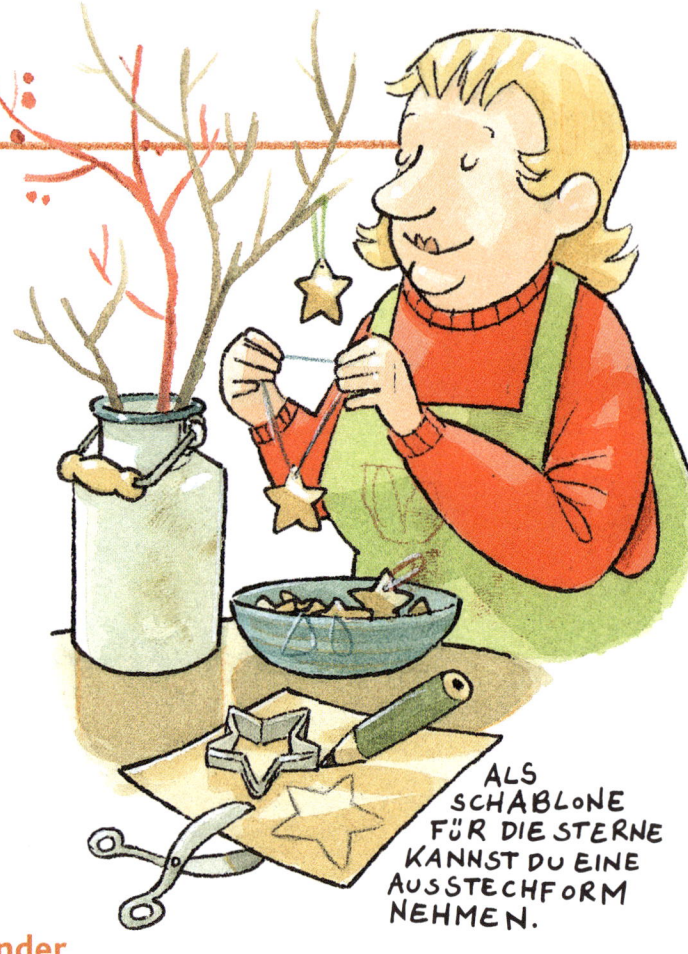

ALS SCHABLONE FÜR DIE STERNE KANNST DU EINE AUSSTECHFORM NEHMEN.

Lieselotte freut sich schon sehr auf Weihnachten. Jeden Morgen will sie von der Bäuerin wissen, wie lange es bis dahin noch dauert. »Noch sechs Wochen«, sagt die Bäuerin dann. Oder: »Noch einen Monat.« Aber heute antwortet sie: »Noch genau 24 Tage, Lieselotte! Und damit du selbst sehen kannst, wie die Tage vergehen und Weihnachten immer näherrückt, habe ich dir einen Adventskalender gebastelt.«
Adventskalender gibt es schon seit über 150 Jahren. Sie helfen, im Dezember die 24 Tage bis Weihnachten zu zählen und zu versüßen. Deswegen sind sie oft mit Schokolade oder anderen Naschereien gefüllt. Kleine Geschenke, Tannenbaumanhänger oder Gutscheine sind ebenfalls gut geeignet.

Socken-Adventskalender

Für Lieselottes Adventskalender hat die Bäuerin eine Leine gespannt und 24 nummerierte Socken daran befestigt. Man kann die Socken in der richtigen Reihenfolge aufhängen oder auch bunt durcheinander. Jeden Tag darf Lieselotte eine Socke von der Leine nehmen und schauen, welches Geschenk darin versteckt ist.

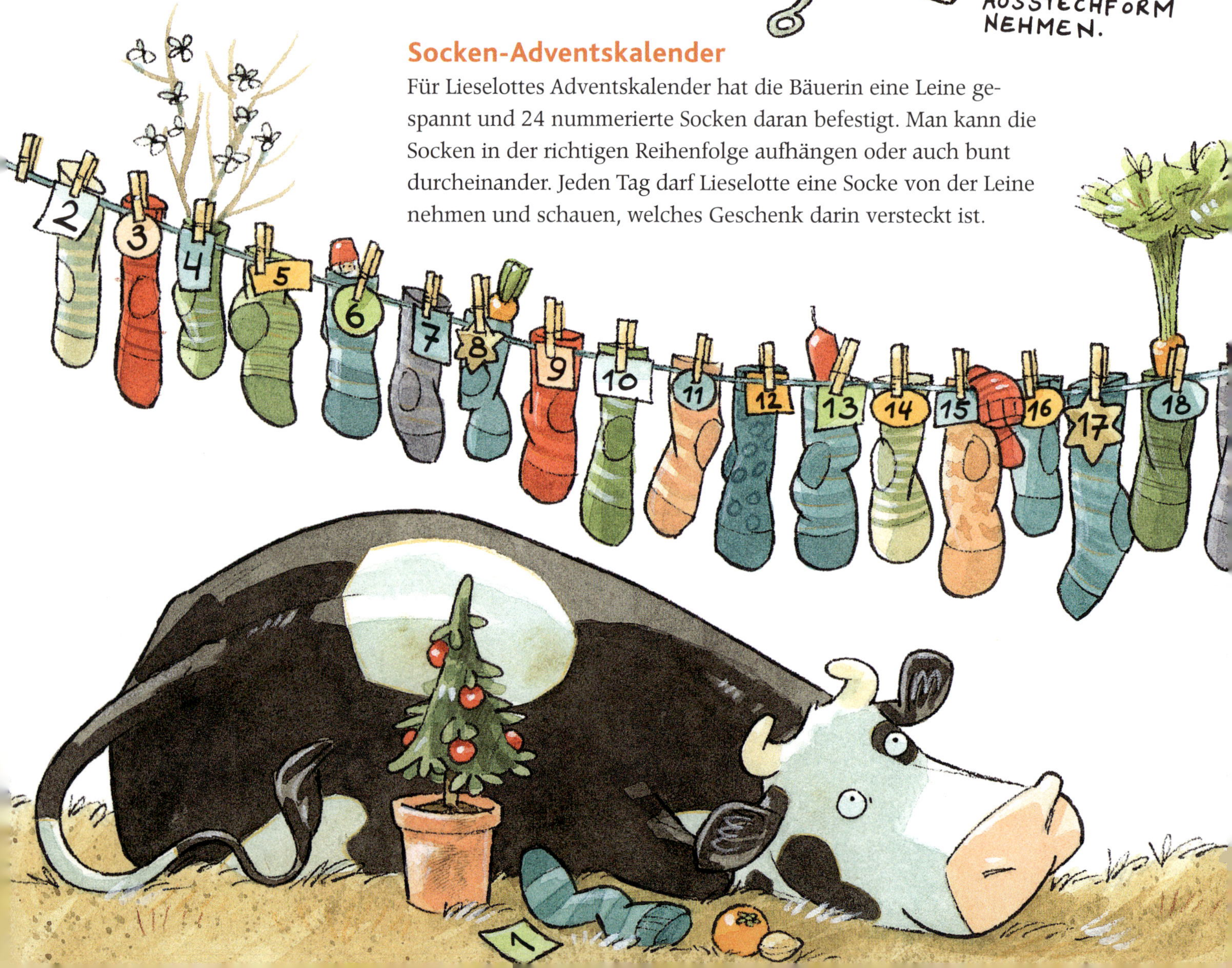
2
3
4
5
6
7
8
9
10
11
12
13
14
15
16
17
18
1

Sternenstrauß

Im Haus hat die Bäuerin einen kleinen Adventsstrauß aus Ästen und Zweigen in eine Vase gestellt. Vorher hat sie aus schönem Papier oder Goldfolie 24 Sterne ausgeschnitten und einen Faden daran gebunden. Jeden Tag hängt sie einen Stern an den Strauß. Mit der Zeit wird die Schale mit den Sternen immer leerer, der Strauß voller und voller und Weihnachten rückt immer näher.

Briefumschlagbaum

Beim Postboten hängen 24 Briefumschläge an der Wand. Auch sie sind nummeriert und so aufgehängt, dass sie an der Wand einen Tannenbaum bilden. Und natürlich steckt in jedem Umschlag eine kleine Überraschung.

Streifen- und Muffinform-Kalender

Die Hühner kennen eine ganz einfache Art, die Tage bis Weihnachten zu zählen. Sie haben einen langen Papierstreifen aufgehängt, der in 24 Abschnitte unterteilt ist. Jeden Tag schneiden sie einen Streifen ab. Am 24. Dezember hängt dann nur noch der letzte Abschnitt an der Wand.

Das ist für die Küken natürlich zu langweilig. Für sie hat die Bäuerin aus zwei Muffinformen einen Kalender gebastelt. In alle Vertiefungen hat sie ein kleines Geschenk gelegt und diese dann mit Haftnotizzetteln verschlossen. Statt Klebezetteln kannst du auch Quadrate aus Pappe schneiden und in jede Ecke ein Stück Magnetfolie kleben. Das ist noch stabiler.

ETWAS KNETE

HAFTNOTIZ-ZETTEL

Weihnachtsdüfte

Als Lieselotte heute an der Küche vorbeikommt, muss sie direkt an Weihnachten denken. Ob das wohl an den Dingen liegt, mit denen die Bäuerin und die Hühner herumwerkeln?

Gespickte Orangen

Es ist ein alter Brauch, zu Weihnachten Orangen mit Gewürznelken zu verzieren. Das riecht nicht nur gut, sondern sieht auch hübsch aus. Am besten bohrst du die Löcher für die Nelken mit einem Schaschlikspieß oder Zahnstocher vor, entweder über die ganze Orange verteilt oder in schönen Mustern und Reihen. Dann steckst du in jedes Loch eine Gewürznelke.

Orangen- und Zitronenscheiben trocknen

Schneide Orangen oder Zitronen in etwa 5 mm dicke Scheiben. Die Scheiben tupfst du mit Küchenpapier gründlich ab. Dann legst du ein Stück Küchenpapier (am besten doppelt gefaltet) auf die Heizung und verteilst die Scheiben darauf. Nach einer guten Woche sollten die Scheiben vollständig getrocknet sein. Drehe sie während des Trocknens einmal am Tag um.

Duftpotpourri

In der Weihnachtszeit gibt es viele Dinge, die gut riechen.
Wenn du sie in einem Glas oder einem Stoffbeutelchen aufbe-
wahrst, kannst du dich immer wieder an ihrem Duft erfreuen. So
ein Duftpotpourri ist auch eine schöne Geschenkidee.
Geeignet dafür sind viele Gewürze wie Zimtstangen, Nelken,
Anissterne oder Vanilleschoten, aber auch getrocknete Orangen-
oder Zitronenscheiben und Tannenzweige und -zapfen.

Zimt-Apfelmus-Anhänger

Diese Anhänger kannst du nicht essen, dafür duften sie viele
Wochen lang!
Gib das Apfelmus und den gesamten Zimt in eine Schüssel. Ver-
mische mit einem Löffel alles gründlich zu einem glatten Teig.
Wenn der Teig zu bröselig ist, kannst du noch etwas Apfelmus
hinzugeben. Ist der Teig zu flüssig, gibst du noch etwas Zimt hinzu.
Rolle den Teig zwischen zwei Bogen Backpapier etwa 5 mm dick
aus.

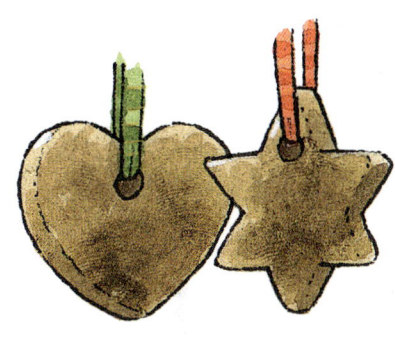

Löse das obere Backpapier ab und stich Formen aus. Nimm dafür
am besten keine zu großen Ausstechförmchen. Entferne vorsichtig
den Teig zwischen den ausgestochenen Formen. Lege die Anhänger
zum Trocknen auf ein mit Backpapier ausgelegtes Schneidebrett.
Stich mit einem Trinkhalm Löcher zum Aufhängen aus.
Den restlichen Teig kannst du wieder ausrollen und weitere
Anhänger ausstechen.
Lass die Anhänger ein bis zwei Tage an einem warmen Ort trocknen. Wende sie dabei einmal täglich. Die fertigen Anhänger
kannst du dann mit einem Faden aufhängen.

Du brauchst:

1 halbe Tasse Apfelmus
1 halbe Tasse Zimt
1 EL Zimt

Alles schaut adventlich aus

Zu Beginn der Weihnachtszeit müssen natürlich das Bauernhaus und die Ställe weihnachtlich geschmückt werden. Lieselotte und ihre Freunde haben einige Ideen und machen sich heute munter ans Werk.

Lichterketten

Falls du eine Lichterkette hast, die nicht zu heiß wird, kannst du sie noch weiter verzieren. Wenn du in die Böden von schön bedruckten (oder selbst bemalten) Muffin-Papierförmchen ein Loch bohrst, kannst du die Förmchen als Lampenschirme über die Birnen stecken. Das geht auch mit sogenannten Biedermeierrosetten, die Blumenhändler für kleine Sträußchen benutzen. Ganz natürlich sind die getrockneten Blüten der Lampionblume. Du kannst auch aus Transparent- oder Wachspapier einen Kreis ausschneiden und selbst einen kleinen Lampenschirm drehen.

Windlichter

Aus leeren Gläsern können schöne Lichter werden. Eine in ein Glas gelegte Lichterkette sieht sehr stimmungsvoll aus, besonders wenn du noch einen Bogen dünnes Papier um das Glas legst. Oder du klebst doppelseitiges Klebeband um ein Glas und rollst es durch Glitter. Vielleicht verziehrst du es anschließend noch mit ein paar Schmucksteinen.
Sehr farbenfroh sieht es aus, wenn du ein mit Tapetenkleister bestrichenes Glas mit ausgerissenen Stücken Transparent- oder Seidenpapier beklebst.

Schneeflocken und Sterne

In ihr Stallfenster will Lieselotte ganz viele Sterne und Schnee-flocken aus Papier kleben. Das geht ganz einfach.
Zunächst brauchst du ein quadratisches Stück dünnes Papier. Wenn du kein quadratisches Papier hast, kannst du es auch selbst zuschneiden:

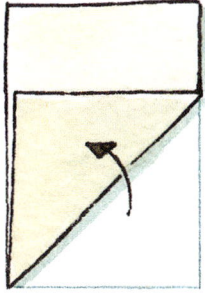 

1. Lege das Quadrat auf den Tisch und falte es einmal zu-sammen, so dass ein Dreieck entsteht. Falte dieses Dreieck noch einmal zu einem kleineren Dreieck:

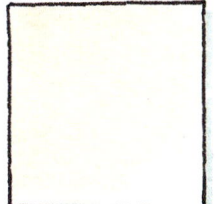 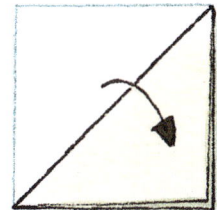 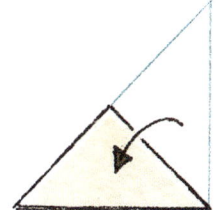

3. Jetzt kannst du alle mög-lichen Formen in das Dreieck schneiden. Lass dich über-raschen, wie die Schneeflocke oder der Stern nach dem Aus-einanderfalten aussieht!

2. Der nächste Schritt ist etwas schwieriger und braucht etwas Übung: Falte zunächst das rechte Drittel des Dreiecks zur Mitte. Dann faltest du das linke Drittel zur Mitte. Schneide anschließend die Spitzen des Dreiecks mit einer Schere ab.

DIESE SEITE IST SPÄTER DIE ÄUSSERE KANTE.

DIESE FORM ERGIBT EIN HERZ.

WENN DU DIE SPITZE SO ABSCHNEIDEST, HAST DU EINEN STERN IN DER MITTE.

VORM AUFHÄNGEN KANN MAN DIE SCHNEEFLOCKEN GLATTBÜGELN.

Ein Winter-Sammel-Spaziergang

Heute machen die Bauernhofbewohner einen langen Spaziergang. Dabei
finden Lieselotte und ihre Freunde in der Natur viele Dinge, mit denen man
basteln und den Hof weihnachtlich dekorieren kann. Schau nur, was sie
heute alles gesammelt haben:

ZAPFEN (MEHR AUF S. 18)

NÜSSE (MEHR AUF S. 34)

EICHELN

LEERE SCHNECKEN-HÄUSER

AHORN-SAMEN

INTERESSANT GEFORMTE HOLZ-STÜCKE

MUSCHELSCHALEN

ERLEN-ZAPFEN

BUCH-ECKERN

ZWEIGE UND ÄSTE

SCHÖNE STEINE

KASTANIEN

HAGEBUTTEN

FORSYTHIE

KIRSCHE

APFEL

Barbarazweige

Ein alter Brauch ist es, am 4. Dezember sogenannte Barbarazweige zu schneiden. Wenn man diese im Haus in eine Vase stellt, blühen sie mit etwas Glück genau zu Weihnachten.

Gut geeignet sind Zweige von Obstbäumen wie Kirsche, Apfel oder Pflaume. Aber auch Zweige von Forsythie, Holunder, Haselnuss oder Kastanie kannst du verwenden.

Sammle einige Zweige, am besten solche mit vielen Knospen. Achte darauf, dass du keinen Baum zu sehr beschädigst.

Zu Hause legst du die Zweige über Nacht in lauwarmes Wasser. Dann schneidest du die Enden der Zweige schräg an und stellst sie in eine Vase.

Gut ist es, wenn die Zweige schon eine Nacht Frost gehabt haben. Falls es noch keinen Frost gab, kannst du die Zweige vor dem Wasserbad für einen Tag ins Gefrierfach legen. Die Vase sollte an einem mäßig warmen und nicht zu trockenen Ort stehen. Also nicht direkt auf der Heizung. Wechsle alle drei bis vier Tage das Wasser. Und mit etwas Glück blüht und grünt es dann nach einiger Zeit mitten im Winter.

Bunte Dinge finden

Kennst du folgendes Spiel für einen Winterspaziergang? Versuch einmal, in der grauen und kahlen Landschaft besonders schöne, bunte Dinge zu entdecken. Das kann ein Zweig mit roten Hagebutten sein, ein farbiges Stück Papier, das irgendwo herumliegt, oder auch etwas ganz anderes. Was entdeckst du?

Winteräpfel

In diesem Herbst gab es auf dem Bauernhof viele Äpfel zu ernten. Einen Teil davon hat die Bäuerin im Keller eingelagert. »So ein Glück«, denkt Lieselotte. Denn auch in der Weihnachtszeit kann man mit Äpfeln viele schöne und leckere Sachen machen.

Apfelkerze

Aus einem Apfel kannst du einen einfachen Kerzenständer basteln.

Dafür nimmst du einen schönen Apfel und stichst mit einem Apfelausstecher das Kerngehäuse aus. In das Loch kannst du nun eine Kerze stecken. Falls das Loch zu groß für die Kerze ist oder du die Apfelkerze noch mehr dekorieren willst, kannst du um die Kerze herum noch einige kleine Tannenzweige ins Loch stecken.

Apfelnikolaus

Eine hübsche Dekoration ist auch der Apfelnikolaus. Poliere mit einem Tuch einen schönen roten Apfel. Nimm eine Walnuss und stecke einen Zahnstocher in die weiche Stelle an der Unterseite. Stecke nun die Walnuss mit dem Zahnstocher in den Apfel. Male ein Gesicht auf die Walnuss und klebe einen Bart aus Watte an. Schneide aus rotem Filz (oder Papier) einen Kreis (Durchmesser ca. 10 cm) aus. Schneide den Kreis in der Mitte durch und rolle eine Hälfte zu einem spitzen Hut, der gut auf die Walnuss passt. Klebe den Hut zusammen und setzte ihn dem Nikolaus auf.

ZAHNSTOCHER

HALBKREIS AUS FILZ

WALNUSS

KLEBSTOFF

UND DENKE DARAN, AM ABEND DES 5. DEZEMBERS DEINE SCHUHE ODER STIEFEL FÜR DEN NIKOLAUS HINZUSTELLEN!

Bratäpfel

Heize den Backofen auf 200 Grad (180 Grad Umluft) vor.
Vermische in einer kleinen Schüssel die gehackten Nüsse,
die Rosinen, den Zucker und den Zimt.
Wasche die Äpfel unter kaltem Wasser und entferne mit einem
Apfelausstecher die Kerngehäuse. Schneide mit einem Messer die
Öffnungen oben etwas größer.
Fette eine Auflaufform mit etwas Butter ein und setze die Äpfel
hinein.
Fülle mit einem Löffel die Nussmischung in die Äpfel. Wenn
etwas Füllung übrig bleibt, gibst du sie einfach in die Auflaufform.
Setze einen halben Teelöffel Butter oben auf jeden Apfel.
Stelle die Auflaufform auf die mittlere Schiene des Backofens.
Nach etwa 20–30 Minuten bekommt die Schale der Äpfel leichte
Risse, und die Bratäpfel sind fertig.

Für vier Bratäpfel brauchst du:

4 große Äpfel

4 EL gehackte Hasel- oder
Walnüsse

2 EL Rosinen

2 EL Zucker

1 TL Zimt

2 TL weiche Butter

etwas Butter für die Form

Heute kommt der Nikolaus

Schon beim Aufwachen ist Lieselotte heute ganz aufgeregt. Ob ihr der Nikolaus wohl etwas gebracht hat? Zwar hat sie keine Stiefel, die sie rausstellen konnte, dafür aber dicke Wollsocken. Und gleich vier davon! Und was wäre der Nikolaustag ohne Stutenkerle? Oder Weckmänner, Piepenkerle, Klausenmänner? Die Männchen aus Hefeteig haben viele Namen. Und natürlich darf auch ein Nikolauslied nicht fehlen:

Lasst uns froh und munter sein

Text und Melodie aus dem 19. Jahrhundert

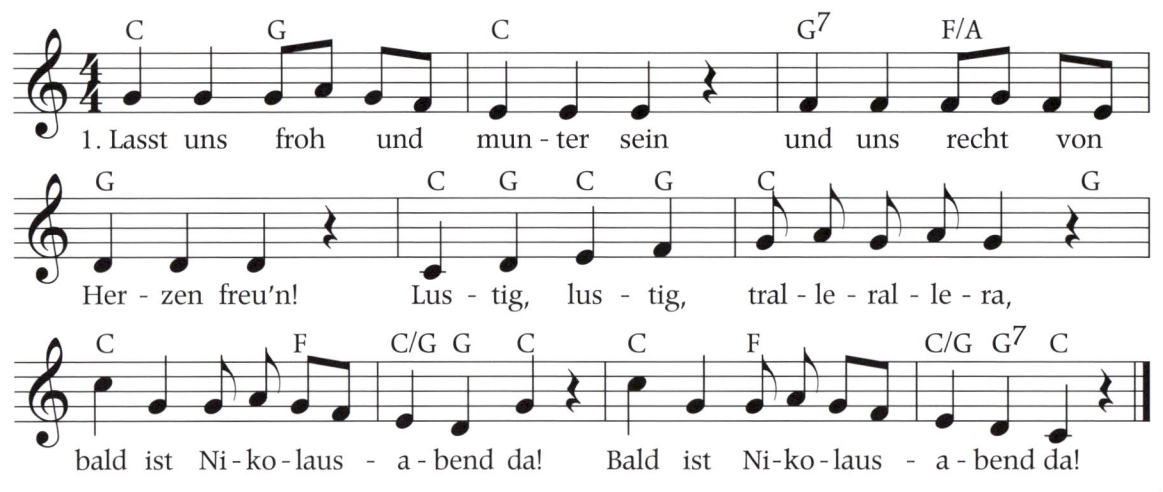

1. Lasst uns froh und munter sein und uns recht von Herzen freu'n! Lustig, lustig, traleralera, bald ist Nikolaus-abend da! Bald ist Nikolaus-abend da!

2. Dann stell' ich den Teller auf,
   Nik'laus legt gewiss was drauf.

3. Wenn ich schlaf', dann träume ich:
   Jetzt bringt Nik'laus was für mich.

4. Wenn ich aufgestanden bin,
   lauf' ich schnell zum Teller hin.

5. Nik'laus ist ein guter Mann,
   dem man nicht g'nug danken kann.

Stutenkerle

Siebe das Mehl in eine große Schüssel. Mische mit einem Löffel den Zucker, die Trockenhefe und das Salz unter. Gib auch die weiche Butter und die lauwarme Milch hinzu und verknete alles zu einem geschmeidigen Teig, zunächst mit den Knethaken des Handrührgeräts und dann mit deinen Händen.

Lege ein sauberes Tuch über die Schüssel und stelle diese an einen warmen Ort. Nach einer Stunde sollte der Teig etwa zur doppelten Größe aufgegangen sein.

Knete den Teig auf der bemehlten Arbeitsfläche noch einmal etwas durch und teile ihn in sechs Stücke.

Nimm eines der Teigstücke. Aus einem Viertel davon formst du eine Kugel. Das wird der Kopf des Stutenkerls. Aus dem Rest formst du ein längliches Oval. Das wird später der Körper. Lege die beiden Teile wie auf dem Bild auf ein mit Backpapier belegtes Backblech und drücke sie etwas flach. Mache das Gleiche mit den anderen Teigstücken.

Schneide die Teigstücke wie auf dem Bild etwas ein und forme die Arme und Beine.

Heize den Backofen auf 200 Grad (180 Grad Umluft) vor. Lege ein Tuch über das Backblech und lass den Teig noch einmal 15 Minuten ruhen.

Verziere die Stutenkerle mit Rosinen. Den Mund kannst du mit dem Messer einritzen oder auch Rosinen dafür nehmen. Bepinsele die Stutenkerle zum Schluss mit einem verquirlten Ei und backe sie in der Mitte das Backofens für 15–18 Minuten, bis sie goldbraun sind.

Für 6 Stutenkerle brauchst du:

500 g Mehl
100 g Zucker
1 Päckchen Trockenhefe
1 Prise Salz
50 g weiche Butter
250 ml lauwarme Milch
Rosinen
1 Ei

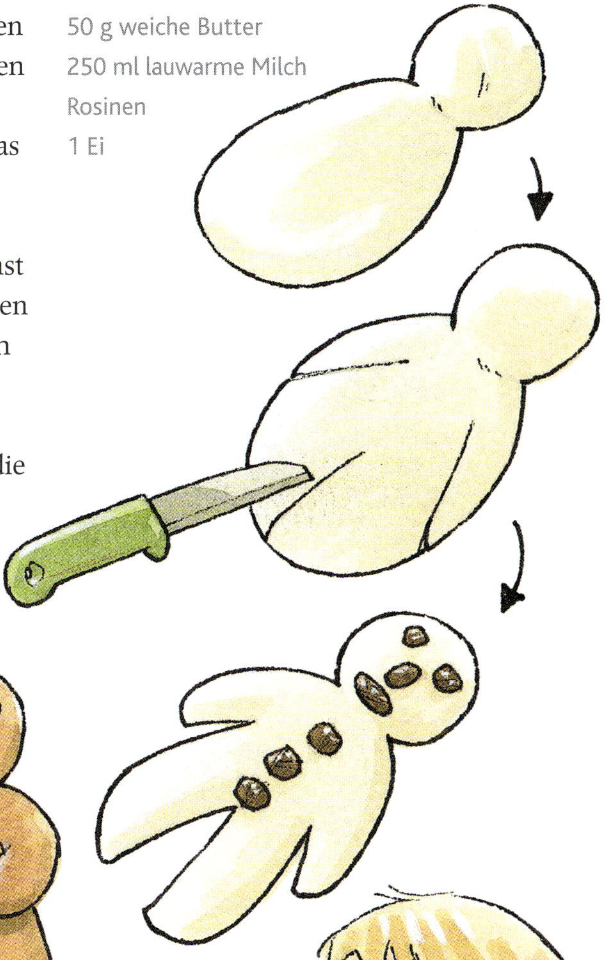

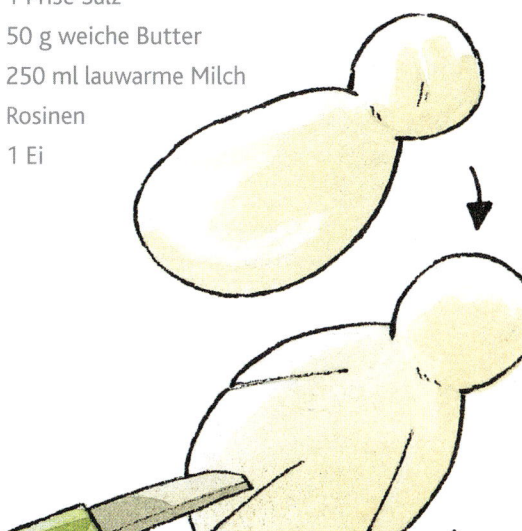

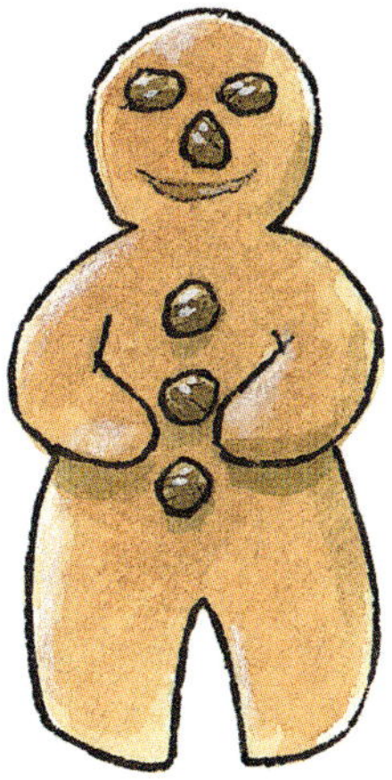

FÜR EINEN HEFETEIG BRAUCHT MAN IMMER ETWAS GEDULD.

FARMER VOGUE

Zapfen, Zapfen, Zapfen

Lieselotte und ihre Freunde haben auf ihrem Winterspaziergang im Wald viele Zapfen gefunden und gesammelt. Mit denen kann man schöne Sachen basteln. Und die Bäuerin weiß sogar, welcher Zapfen von welchem Baum kommt.

Kleine Zapfenkunde

Ganze **Tannenzapfen** findet man fast nie. Sie zerfallen nämlich schon auf dem Baum in einzelne Schuppen. Wie bei allen Zapfen stecken zwischen den Schuppen die Samen des Baums.

Während Tannenzapfen aufrecht auf den Ästen stehen, hängen **Fichtenzapfen** herunter. Und sie fallen auch als Ganzes vom Baum.

Bei **Lärchenzapfen** dauert es manchmal mehrere Jahre, bis sie vom Baum fallen. Lärchen kannst du leicht erkennen. Anders als Tanne, Fichte und Kiefer verliert die Lärche im Winter nämlich ihre Nadeln.

Kiefernzapfen eignen sich gut zum Basteln. Am Baum öffnen sich die Zapfen bei trockenem Wetter, damit die Samen herausfallen können. Bei feuchtem Wetter bleiben sie geschlossen. Nachdem die Samen verteilt sind, fallen die Zapfen selbst vom Baum.

Zapfenanhänger

Bemalte Zapfen sind ein einfacher und schöner Schmuck zum
Aufhängen. Hübsch verschneit sehen sie aus, wenn du die Enden
der Schuppen mit weißer Farbe bemalst und dann mit etwas Glitter
bestreust. Oder du malst den ganzen Zapfen mit Goldfarbe an.

GRÜNE
FARBE

STERNE
UND
GLITTER

Tannenbäumchen

Bemale einen Zapfen mit grüner Farbe. Schmücke
das Tannenbäumchen, indem du über die noch
feuchte Farbe Glitter und Sternchen streust.
Später kannst du auch noch Perlen oder bunte
Wattekügelchen zwischen die Schuppen stecken.
Und als »Tannenbaumständer« dient der Schraub-
verschluss einer Sprudelflasche.

Zapfenfiguren

Aus Tannenzapfen und anderen
Naturmaterialien kannst du
lustige Figuren basteln.
Probier alles aus, was dir einfällt. Manchmal kannst du dem
Material fast schon ansehen,
worin du es gut verwandeln
könntest ...
Hier sind ein paar Anregungen.

BUCHECKER-
HÜLSE

KASTANIE

KLEB-
STOFF

HOLZ
KUGEL

FILZ

WOLL-
FADEN

HOLZ-
PERLEN

EICHEL-
KAPPE

WEISSE
FARBE

ZAPFENSCHUPPEN

WACKEL-
AUGEN

FILZ

Der erste Schnee

»Seltsam«, denkt Lieselotte nach dem Aufwachen. »Irgendwie ist es heute viel heller im Stall.« Schnell läuft sie zur Stalltür und freut sich: Über Nacht ist der ganze Hof eingeschneit! Keine Frage, dass Lieselotte nach dem Melken sofort nach draußen möchte, um ein wenig im Schnee herumzutoben.

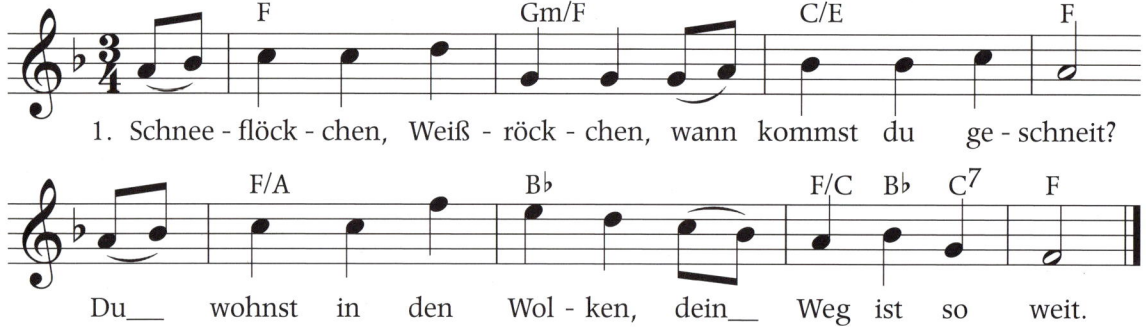

Schneeflöckchen, Weißröckchen

Melodie: unbekannte Herkunft, Text: nach Hedwig Haberkorn

1. Schnee - flöck - chen, Weiß - röck - chen, wann kommst du ge - schneit?

Du__ wohnst in den Wol - ken, dein__ Weg ist so weit.

2. Komm setz dich ans Fenster,
du lieblicher Stern,
malst Blumen und Blätter,
wir haben dich gern.

3. Schneeflöckchen, du deckst uns
die Blümelein zu,
dann schlafen sie sicher
in himmlischer Ruh'.

4. Schneeflöckchen, Weißröckchen,
komm zu uns ins Tal.
Dann bau'n wir den Schneemann
und werfen den Ball.

Schneeforscher spielen

Willst du dir den Schnee einmal genauer anschauen? Trage dafür einfach ein Blatt schwarzes Tonpapier nach draußen und lasse ein paar Schneeflocken darauf landen. Die Flocken heben sich dann gut von dem dunklen Hintergrund ab und du kannst sie mit einer Lupe genauer betrachten. Kannst du erkennen, dass jede Flocke aus mehreren Schneekristallen besteht? Wie sehen die Kristalle aus? Haben alle die gleiche Anzahl Strahlen? Puste vorsichtig auf die Schneeflocken und beobachte, wie sie schmelzen.

Schneegestöber im Glas

Ein kleines Schneegestöber fürs Zimmer kannst du auch einfach selbst basteln. Dafür brauchst du ein sauberes Glas mit einem dicht schließenden Schraubdeckel und eine kleine Figur aus Kunststoff oder Keramik. Wenn du magst, kannst du auch eine selbstgemachte Figur aus gebrannter Modelliermasse nehmen.
Stelle die Figur auf den Deckel und stülpe das Glas darüber, um zu sehen, ob die Figur nicht zu groß für das Glas ist. Wenn alles passt, kannst du die Figur mit wasserfestem Klebstoff auf dem Deckel festkleben.
Wenn der Klebstoff getrocknet ist, füllst du das Glas fast komplett mit destilliertem Wasser. (Normales Wasser kann nach einiger Zeit trüb werden.) Stelle das Glas in die Spüle und tauche die Figur mit dem Deckel einmal kurz in das Glas, damit das überschüssige Wasser ablaufen kann. Gib zwei Tropfen Spülmittel und etwas Glitter oder Schneekugelschnee (beides bekommst du im Bastelladen) in das Wasser.
Bestreiche den Rand des Glases und das Gewinde des Deckels auch noch mit etwas Klebstoff. Dann kannst du die Figur wieder hineintauchen und den Deckel fest verschließen. Schon ist dein Schneeglas fertig.
Wenn du möchtest, dass der Schnee oder Glitter im Glas etwas gemächlicher fällt, kannst du dem Wasser auch noch einen kleinen Schuss Glycerin (aus der Apotheke) zusetzen.

MODELL-
EISENBAHN-
BÄUMCHEN

Alles zum Aufwärmen

Heute Nachmittag hat die Bäuerin mit Lieselotte und den anderen Tieren einen langen Spaziergang durch den Schnee gemacht. Als es langsam dunkel wird und alle ein bisschen erschöpft und durchgefroren sind, machen sie sich wieder auf den Nachhauseweg. Aber als sie auf den Hof kommen, brennt zu ihrer Verwunderung im Kuhstall Licht. »Hallo«, sagt der Postbote. »Ich habe mir gedacht, dass ihr vielleicht eine Kleinigkeit zum Aufwärmen vertragen könnt. Hat jemand Lust auf Punsch?«

Heißer Zitronen-Kräutertee

Bringe in einem Topf das Wasser auf hoher Stufe zum Kochen. Schalte den Herd dann ab und hänge die Teebeutel in den Topf. Gib auch die Zimtstange, die Nelken und die Pimentkörner dazu. Schäle den Ingwer, schneide ihn in dünne Scheiben und gib ihn ebenfalls in den Topf.
Lasse die Mischung 10 Minuten ziehen.
Gib nun den Zitronensaft und den Zucker in den Topf und rühre alles gut durch. Erhitze den Zitronentee auf mittlerer Stufe, bis er schön heiß ist.

Du brauchst:
1 Liter Wasser
2 Beutel »zitroniger« Kräutertee (z. B. Zitronenmelisse oder Zitronenverbene)
1 Zimtstange
3 Nelken
3 Pimentkörner
1 walnussgroßes Stück Ingwer
100 ml Zitronensaft (etwa 2 Zitronen)
100 g Zucker

Echte Vanillemilch

Du brauchst:
1 Vanilleschote
1 Liter Milch
2 EL Zucker
1 Prise Salz

Bitte einen Erwachsenen, die Vanilleschote längs durchzuschneiden und das Mark herauszukratzen. Erhitze in einem Topf unter Rühren auf mittlerer Stufe die Milch, den Zucker, das Salz und die ausgekratzte Vanilleschote. Wenn die Milch zu kochen beginnt, schaltest du die Hitze herunter und lässt die Milch noch 10 Minuten köcheln. Achte aber darauf, dass sie nicht überkocht. Rühre zum Schluss noch das ausgekratzte Vanillemark und nach Belieben etwas Zucker unter.

Heißer Apfelsaft

Erhitze in einem Topf auf mittlerer Stufe den Apfelsaft, den Vanille-zucker und die Zimtstange. Wenn die Mischung kurz davor ist, zu kochen, schaltest du die Herdplatte ab. Dann hängst du die Glühweingewürzbeutel in den Topf und lässt alles zugedeckt 10 Minuten ziehen. Danach kannst du das Glühweingewürz und die Zimtstange aus dem Topf nehmen und den heißen Apfelsaft mit einer Schöpfkelle in Tassen oder Teegläser füllen.

Du brauchst:
1 Liter Apfelsaft
(klar oder naturtrüb)
1 Päckchen Vanillezucker
1 Zimtstange
2 Beutel Glühweingewürz

Kokosnuss-Kakao

Schütte die Milch und die Kokosmilch in einen Topf. Erhitze die Mischung unter Rühren auf mittlerer Stufe, bis sie fast kocht. Dann schaltest du den Herd aus. Rühre den Zucker und den Zimt unter die Milchmischung. Rühre dann nach und nach so viel Kakaopulver unter, bis der Kakao so schmeckt, wie du ihn am liebsten magst. Falls dir die Mischung noch zu intensiv und dick-flüssig ist, kannst du noch etwas Milch dazugeben.

Du brauchst:
400 ml Milch
400 ml Kokosmilch
(normal oder fettreduziert)
1 EL Zucker
½ TL Zimt
Kakaopulver

Eiskonfekt

Neben all den heißen Sachen hat der Postbote auch etwas Kühles vorbereitet. Das Eiskonfekt heißt so, weil es sich kühler auf der Zunge anfühlt als normale Schokolade. Das liegt daran, dass das Kokosfett schon bei sehr niedrigen Temperaturen schmilzt. Schmilz die Kuvertüre nach Verpackungsangabe. Gib das Kokos-fett zur geschmolzenen Kuvertüre und rühre es gründlich unter. Schütte die Mischung vorsichtig in kleine Pralinenförmchen aus Aluminium. (Du kannst stattdessen auch eine Eiswürfelform neh-men und etwa 10 × 10 cm große Stücke Alufolie in die Vertiefungen drücken.) Wenn du magst, kannst du vorher auf den Boden der Förmchen gehackte Mandeln streuen. Stelle das Eiskonfekt zum Abkühlen in den Kühlschrank. Sei beim Essen ein bisschen vor-sichtig, denn das Eiskonfekt schmilzt oft schon in der Hand.

Du brauchst:
150 g Kuvertüre
(Zartbitter oder Vollmilch)
55 g Kokosfett oder
Kokosöl (Zimmer-temperatur)

Willkommen im Pfefferkuchenhaus!

Als Lieselotte heute in die Küche schaut, holt die Bäuerin gerade ein Backblech aus dem Ofen. »Du kommst genau richtig, Lieselotte«, ruft sie. »Meine Pfefferkuchen sind gerade fertig.« Pfefferkuchen? Lieselotte probiert vorsichtig. Sehr lecker, aber nach Pfeffer schmecken die eigentlich nicht. »Der Name kommt aus einer Zeit, als Pfeffer noch ein Oberbegriff für alle möglichen Gewürze war«, erklärt die Bäuerin. »Man kann auch Lebkuchen oder Honigkuchen dazu sagen. Und wenn man will, kann man sogar Häuser daraus bauen!«

Pfefferkuchen

Für 2 Backbleche brauchst du:

200 g Honig

150 g Zucker

125 g Butter

500 g Mehl

1 TL Backpulver

1 Päckchen Lebkuchengewürz

1 EL Kakao

1 Ei

Erwärme in einem Topf auf niedriger Stufe den Honig, den Zucker und die Butter. Rühre alles gut um, bis die Butter geschmolzen und der Zucker aufgelöst ist. Lass die Mischung dann in einer Schüssel kurz abkühlen.

Siebe das Mehl in eine andere Schüssel und mische mit einem Löffel das Backpulver, das Lebkuchengewürz und den Kakao unter. Schütte die Mehlmischung in die Schüssel mit der Honigmischung. Gib auch das Ei dazu und verknete alles zu einem geschmeidigen Teig, zuerst mit den Knethaken des Handrührgeräts und dann mit den Händen. Wickle die Teigkugel in Frischhaltefolie und lege sie für zwei Stunden in den Kühlschrank.

Heize den Backofen auf 180 Grad (Umluft 160 Grad) vor. Lege zwei Backbleche mit Backpapier aus.

Rolle den Teig auf einer bemehlten Arbeitsfläche etwa 5 mm dick aus. Jetzt kannst du entweder mit Plätzchenausstechern Motive ausstechen oder mit einem Messer vorsichtig eigene Formen in den Teig schneiden.

Falls du die Pfefferkuchen später aufhängen möchtest, kannst du mit einem Trinkhalm Löcher dafür hineinstechen.

Lege die ausgestochenen oder ausgeschnittenen Formen auf die Backbleche. Backe sie dann für etwa 15 Minuten im Backofen. Anschließend kannst du sie noch mit Zuckerguss verzieren.

Zuckerguss

Für einen weißen Zuckerguss verrührst du in einer kleinen Schüssel 250 g Puderzucker nach und nach mit 4–5 EL Milch, bis der Guss etwa so dickflüssig wie Honig ist.

Häuserreihe

Du kannst aus dem Lebkuchen auch Häuserfronten schneiden. Wenn du zu jedem Haus eine genauso breite Bodenplatte ausschneidest und später die Front mit Zuckerguss darauf festklebst, kannst du eine ganze Häuserreihe aufstellen.

Kekshaus

Einfacher als ein richtiges Lebkuchenhaus ist dieses kleine Kekshaus. Nimm einen Keks und klebe mit Zuckerguss einen Dominostein in die Mitte. Befestige mit dem Zuckerguss zwei weitere Kekse als Dach und verziere alles schön.

Lebkuchen-Hexenhaus

Für ein großes Hexenhaus musst du doppelt so viel Pfefferkuchenteig machen wie im Rezept angegeben und dann aus dem ausgerollten Teig folgende Formen schneiden: zwei Dreiecke als Giebel, zwei Rechtecke als Dachflächen und ein großes Rechteck als Bodenplatte. Baue das Haus mit viel Zuckerguss zusammen und verziere es wie ein richtiges Knusperhaus.

DACH
2×

GIEBEL
2×

BODEN-
PLATTE

Ein Teig für alles (außer zum Essen)

Als Lieselotte heute in die Küche guckt, wundert sie sich. Gestern gab es erst Pfefferkuchen, und da soll heute schon wieder gebacken werden? Aber Lieselotte ist das nur recht, es kann ja nie zu viele Plätzchen geben. »Es tut mir leid«, sagt die Bäuerin. »Was wir heute backen, ist nicht zum Essen gedacht. Aber dafür kann man mit diesem Teig andere tolle Sachen machen …« Aus Salzteig lässt sich nämlich, fast wie aus Ton, alles Mögliche formen. Und das kann man dann selbst im Backofen brennen und anschließend noch schön bemalen.

Salzteig

Du brauchst:

2 Tassen Mehl

1½ Tassen Salz

1 nicht ganz volle Tasse Wasser

1 TL Öl (z. B. Sonnenblumenöl)

Gib das Mehl und das Salz in eine Schüssel und vermische alles gründlich mit einem Löffel.

Schütte das Wasser und das Öl dazu und verknete alles, zunächst mit den Knethaken des Handrührgeräts und dann mit deinen Händen. Sollte der Teig zu trocken und bröselig sein, knetest du esslöffelweise noch etwas Wasser unter. Sollte der Teig hingegen zu weich und klebrig sein, kannst du noch etwas Mehl hinzugeben. Am Ende solltest du eine schöne Teigkugel haben, die sich wie Knete formen lässt.

Aus dem Teig kannst du zum Beispiel tolle Anhänger machen. Dafür rollst du ihn auf einer etwas bemehlten Arbeitsfläche etwa 5 mm dick aus und stichst mit Plätzchenausstechern Formen aus. Denke daran, mit einem Trinkhalm oder Zahnstocher ein Loch zum Aufhängen hineinzustechen.

Du kannst auch versuchen, mit der Hand eigene flache Anhänger zu formen. Vielleicht Lieselotte und ihre Freunde?

Salzteig eignet sich auch gut, um darin Abdrücke zu machen, zum Beispiel von Pflanzenteilen oder schönen Stempeln oder Knöpfen.

Natürlich kannst du (wie mit Knete) auch ganz freie Figuren formen, die aber nicht zu groß werden sollten: Tiere, Schneemänner oder Häuser. Für Kerzen- und Teelichthalter solltest du die Löcher etwas größer machen als die Kerzen oder Teelichter, da der Teig beim Trocknen noch etwas schrumpft.

Egal was du geformt hast, zum Schluss muss der Salzteig gut trocknen. Am schnellsten geht das im Backofen. Dafür legst du deine Salzteigbasteleien auf ein mit Backpapier ausgelegtes Backblech und schiebst es in den Backofen. Dort muss dann alles bei 150 Grad gut durchtrocknen. Bei den ausgestochenen Anhängern wird das etwa eine Stunde dauern, bei dickeren Figuren auch 2 bis 3 Stunden. Lass anschließend alles gut abkühlen. Danach kannst du deine Werke noch anmalen. Besonders gut geht das mit Acryl- oder Plakafarbe, aber auch mit (nicht zu wässriger) Wasserfarbe. Mit Filzstiften lassen sich schöne Muster zeichnen. Am besten halten die Salzteigbasteleien, wenn du sie zum Schluss noch von allen Seiten mit Klarlack bepinselst.

GLAS-BODEN

STEMPEL

MANTEL-KNOPF

ZWEIGE

KUH-SCHWANZ

HAND

Was machen die Tiere im Winter?

Heute haben Lieselotte und ihre Freunde lange im Schnee gespielt. Jetzt wird es langsam Zeit, wieder zurück auf den Hof und in die warmen Ställe zu gehen. Auf dem Heimweg fallen Lieselotte im Schnee einige Spuren auf. Was wohl die Tiere, die nicht auf einem Bauernhof wohnen, im kalten Winter machen? Zum Glück kommt gerade der Postbote vorbei und kann es ihr erklären.

Viele Tiere verbringen die kalten Monate in geschützten und frostfreien Verstecken. Einige halten dort **Winterruhe**: Sie schlafen während der kalten Monate, werden in der Zeit aber mehrmals wach, um etwas zu fressen. Der Feldhamster hat dafür einen Vorrat in seinem Bau angelegt. Das Eichhörnchen muss hingegen sein Nest, das man Kobel nennt, verlassen und draußen nach Vorräten suchen, die es im Herbst versteckt hat.

Andere Tiere wie Igel, Siebenschläfer, Murmeltiere und Fledermäuse schlafen ohne Unterbrechungen. Sie halten **Winterschlaf**. Beim Siebenschläfer kann dieser sogar mehr als sieben Monate dauern. Vorher haben sich die Tiere eine dicke Speckschicht angefressen, die sie während des Winterschlafs versorgt. Außerdem sinkt ihre Körpertemperatur, ihr Herz schlägt langsamer und sie atmen weniger.

Bei einigen Tieren wie Fröschen, Eidechsen, Schnecken und Insekten sinkt die Körperwärme zusammen mit der Außentemperatur so weit ab, dass sie ganz starr und reglos werden. Daher spricht man hier von **Winterstarre**. Bestimmte Substanzen in ihren Körpern verhindern dabei wie eine Art Frostschutzmittel, dass sie erfrieren. Frösche vergraben sich dazu im Schlamm. Insekten verstecken sich hinter der Baumrinde. Und Fische lassen sich zum Grund sinken, wo das Wasser etwas wärmer ist als an der vereisten Oberfläche.

Viele Spuren im Schnee sind aber von Tieren, die auch im Winter wach bleiben und nach Nahrung suchen. Das sind zum Beispiel Hasen, Rehe, Hirsche und Füchse. Sie halten eine **aktive Überwinterung**. Um sich vor der Kälte zu schützen, haben einige in den Wintermonaten eine Speckschicht und ein dichteres Fell. Manchmal ist dieses Winterkleid auch heller, so dass die Tiere im Schnee gut getarnt sind. Auch die Vögel, die den Winter hier verbringen, haben ein wärmeres Federkleid.

Wenn du einen Garten hast, kannst du den Tieren helfen, indem du an geschützten Stellen Laub- und Reisighaufen über den Winter liegen lässt. Diese bieten dann gute Rückzugsmöglichkeiten für die Überwinterung.

EICH-HÖRNCHEN IM KOBEL

SIEBEN-SCHLÄFER IN LEERER SPECHT-HÖHLE

IGEL IM LAUB-HAUFEN

HAMSTER-BAU

VORRAT

Ein Lichterfest am Luciatag

Im Winter wird es auf dem Hof immer schon früh dunkel. Aber das hat auch seine schönen Seiten, denn Lieselotte und ihre Freunde sitzen gerne im Kerzenlicht zusammen. In Ländern, die weiter im Norden liegen, werden die Tage sogar noch kürzer und leuchtende Kerzen sind dort ein wichtiger Bestandteil der Weihnachtszeit.

In Dänemark, Schweden und Norwegen wird am 13. Dezember sogar ein besonderes Lichterfest gefeiert: das Luciafest. Bei einer Lichterprozession darf sich ein Mädchen mit einem weißen Gewand und einem Lichterkranz auf dem Kopf als Lucia verkleiden. Oft gibt es auch ein Safrangebäck, die Lussekatter (Luciakatzen), und Glögg, einen Glühwein, der mit Mandeln und Rosinen serviert wird. Das wollen auch die Hofbewohner ausprobieren und feiern heute ein Lichterfest.

Kinder-Glögg

Du brauchst:

500 ml Wasser

2 Beutel Früchte- oder Chai-Tee

2 Beutel Glühweingewürz

2 Zimtstangen

10 Nelken

1 Liter Traubensaft

2 EL Zitronensaft

Honig oder Zucker

Mandeln und Rosinen

Bringe in einem Topf das Wasser zum Kochen. Schalte den Herd aus und hänge die Teebeutel und die Glühweingewürz-Beutel in den Topf. Gib auch die Zimtstangen und die Nelken dazu. Lass alles 10 Minuten lang ziehen. Nimm die Beutel heraus und schütte den Traubensaft und den Zitronensaft dazu. Erhitze alles, bis der Glögg schön heiß (aber nicht kochend) ist. Süße den Glögg mit etwas Honig oder Zucker und fülle ihn mit einer Schöpfkelle in Becher oder Teegläser. Wer mag, gibt noch Mandeln und Rosinen in seinen Becher.

Kekskerzen

Klebe mit Zuckerguss (siehe Seite 24) eine Waffelrolle auf einen großen Keks oder Lebkuchen. Gib einen Klecks Zuckerguss oben auf die Waffelrolle und befestige eine Mandel als Kerzenflamme.

Lussekatter

Siebe das Mehl in eine Schüssel. Mische die Trockenhefe, den Zucker, das Salz und den Safran mit einem Löffel unter. Lass in einem Topf auf niedriger Stufe die Butter schmelzen. Gib die Milch dazu und erhitze die Mischung, bis sie lauwarm ist.

Gib den Quark und die Butter-Milch-Mischung zu der Mehlmischung in die Schüssel und vermenge alles zu einem geschmeidigen Teig, zunächst mit den Knethaken des Handrührgeräts und dann mit den Händen. Falls der Teig zu klebrig ist, gibst du noch etwas Mehl dazu.

Lege ein sauberes Tuch über die Schüssel und stelle sie an einen warmen Ort. Nach 45 Minuten sollte der Teig etwa doppelt so groß sein wie vorher.

Knete den Teig auf einer bemehlten Arbeitsfläche noch einmal durch. Forme aus dem Teig sechs längliche Schlangen. Die legst du nun auf ein Backblech mit Backpapier und rollst sie dabei so ein, dass jede wie ein großes S aussieht.

Lass die Lussekatter auf dem Backblech noch einmal 30 Minuten ruhen. Heize den Backofen auf 220 Grad (200 Grad Umluft) vor. Verquirle mit einer Gabel in einer kleinen Schüssel das Ei und streiche die Lussekatter damit ein. In die Mitte der eingerollten Enden drückst du noch eine Rosine.

Schiebe das Backblech auf die mittlere Schiene und backe die Lussekatter in 8–10 Minuten goldbraun.

Für 6 Lussekatter brauchst du:

500 g Mehl

1 Päckchen Trockenhefe

70 g Zucker

¼ TL Salz

1 Messerspitze (oder mehr) gemahlener Safran

250 ml Milch

50 g Butter

125 g Magerquark

1 Ei

einige Rosinen

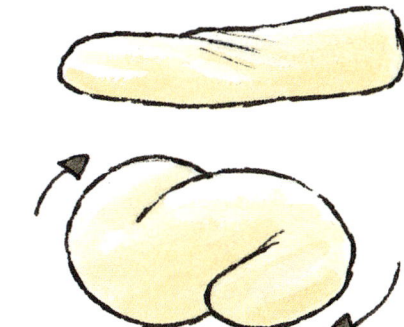

EIN JULBOCK AUS STROH IST EINE BELIEBTE WEIHNACHTS-DEKORATION IM NORDEN.

Lieselottes Weihnachtspost

Nur noch zehn Tage bis Weihnachten! Jetzt wird es aber höchste Zeit, Weihnachtskarten zu schreiben, sonst kommen die Weihnachtsgrüße nicht mehr rechtzeitig bei Freunden und Verwandten an. Doch so ein Pech: Die Bäuerin hat ganz vergessen, Karten zu kaufen! Aber selbstgebastelte Karten sind eigentlich sowieso viel schöner. Und ganz egal, was man dann hineinschreibt – der Empfänger sieht auch so schon, dass man sich viel Mühe gegeben und Zeit für ihn genommen hat.

Selbstgebastelte Weihnachtskarten

Der Ausgangspunkt für die Karten ist immer ein Stück dickes Papier oder Tonkarton. Die genaue Größe des Papiers ist nicht so wichtig. Falls du die Karte in einem Briefumschlag verschicken willst, solltest du allerdings darauf achten, dass sie auch gut hineinpasst.

Für eine Karte, die man aufklappen kann, faltest du das Papier einmal in der Mitte.

STECKE WEIHNACHTS- KARTEN ALS DEKORATION INS BÜCHERREGAL.

Bemalte Karten

Am einfachsten ist es, die Karten schön zu bemalen. Wenn du willst, kannst du dazu Plätzchenausstecher als Schablone verwenden. Hübsch sieht es auch aus, mit einem weißen Lackstift auf transparentes Zeichenpapier zu malen und das Bild dann auf eine farbige Karte zu kleben.

Knopfkarten

Mit alten Knöpfen lassen sich ganz besondere Karten basteln. Man kann die Knöpfe mit Nadel und Faden an den Karton nähen oder auch einfach aufkleben.

Tannenbäume

Für den **Papiertannenbaum** schneidest du ein Dreieck aus Papier aus und faltest es mehrmals wie eine Ziehharmonika. Dann klebst du das Dreieck auf eine Karte auf und verzierst es mit Konfetti aus dem Locher.

Um den **Tannenbaum aus Wolle** zu basteln, nimmst du ein Stück festen Karton. Schneide oben in der Mitte eine Kerbe in den Karton und unten mehrere Kerben. Dann nimmst du einen Wollfaden und wickelst ihn durch die Kerben um die Karte. Die Enden des Fadens klebst du auf der Rückseite fest.

Für den **Farn-Tannenbaum** klebst du ein getrocknetes Farnblatt auf eine Karte und dekorierst es mit Konfetti, Sternen und Knöpfen.

Schneekugel-Karte

Zeichne mit einem Glas einen Kreis auf eine Seite einer Klappkarte und schneide ihn vorsichtig aus. Nimm einen Gefrierbeutel und schneide eine Ecke davon so ab, dass du ein Quadrat erhältst, das etwas schmaler als die Karte ist. Gib ein wenig weißes Konfetti in den Beutel und klebe die beiden offenen Seiten mit Klebeband zu.

Auf die Innenseite der Karte, die man durch das ausgeschnittene Loch sehen kann, malst du ein schönes Motiv. Dann klebst du den Beutel mit den »Schneeflocken« von innen hinter das Loch. Jetzt kannst du durch die »Schneekugel« dein Bild sehen.

Wer knackt die Nuss?

Nüsse zu essen ist gar nicht so einfach. Erst einmal muss man nämlich die harte Schale knacken. Dafür kann man aber sehr gut mit Nüssen backen und basteln.
Kennst du diese Nusssorten?

AM
STRAUCH

AM
BAUM

HASEL-
NUSS

ERD-
NUSS

MANDEL

WAL-
NUSS

Kleine Nusskunde
Haselnüsse wachsen an Sträuchern oder an Bäumen. Baumhasel sind beliebte Straßenbäume.

Walnüsse reifen in dicken, grünen Hüllen.

Auch **Mandeln** wachsen in grünen Hüllen an Bäumen oder Sträuchern. Die Mandel ist allerdings enger mit Pflaumen und Kirschen verwandt als mit der Walnuss.

Erdnüsse wachsen unter der Erde. Die Pflanze ist mit Bohnen und Erbsen verwandt.

Basteln mit Nüssen

Aus Nüssen kann man auch Anhänger für den Weihnachtsbaum basteln. Eine mit Goldfarbe angemalte Walnuss ist ein glanzvoller Schmuck. Wie gefallen dir diese lustigen Erdnuss-Schneemänner?

KLEINEN AUFHÄNGER EINSCHRAUBEN

MIT FILZSTIFT GESICHT AUF-MALEN

ERD-NUSS

WEISSE FARBE

EICHELHUT ANKLEBEN

SCHAL AUS WOLLE

Florentiner

Erhitze in einem Topf auf mittlerer Stufe unter Rühren die Sahne, den Honig, den Zucker und das Mehl. Lass die Mischung einmal kurz aufkochen. Dann nimmst du den Topf von der Platte und schaltest den Herd aus.

Gib die Haselnüsse oder Mandeln in den Topf und rühre sie unter. Lass die Mischung 15 Minuten abkühlen.

Heize den Backofen auf 180 Grad (160 Grad Umluft) vor. Lege ein Backblech mit Backpapier aus.

Setze mit einem Esslöffel etwa 20 Häufchen der Mischung auf das Backblech. Backe die Florentiner auf der mittleren Schiene des Backofens in 15–20 Minuten goldbraun.

Die abgekühlten Florentiner kannst du anschließend noch mit Kuvertüre verzieren. Schmilz dafür die Kuvertüre nach Packungs-anleitung und pinsele die Unterseiten der Florentiner ein.

Für ein Backblech brauchst du:

100 g Schlagsahne

50 g Honig

2 EL Zucker

2 EL Mehl

200 g gehobelte Haselnüsse oder gehobelte oder gestiftelte Man-deln. (Du kannst die Sorten auch mischen.)

125 g Kuvertüre

Ein Besuch im Vogelhaus

Während viele Vögel im Herbst in wärmere Gegenden ziehen, verbringen einige Vogelarten den Winter bei uns. Normalerweise finden sie genug zu fressen, aber wenn der Boden längere Zeit gefroren oder mit Schnee bedeckt ist, können sie etwas Hilfe gebrauchen. Deshalb hat die Bäuerin heute im Garten das Futterhäuschen aufgestellt. Einige Vögel wie Meisen, Spatzen und Finken mögen gerne Körner. Andere wie Amseln, Rotkehlchen und Zaunkönige bevorzugen weiche Beeren. Lieselotte schleicht sich leise an, um die Vögel aus der Nähe beobachten zu können …

AMSEL
WEIBCHEN MÄNNCHEN

KOHL-
MEISE

ROT-
KEHL-
CHEN

GRÜN-
FINK

ZAUN-
KÖNIG

BLAU-
MEISE

MÄNNCHEN

WEIBCHEN

HAUS-
SPERLING

Aus leeren Milchkartons,
Plastikflaschen und aus-
gehöhlten Orangenhälften
kannst du Futterstellen
für Vögel basteln.

Vogelfutteranhänger

Bitte einen Erwachsenen, das Wasser kochend heiß in eine Schüssel
zu gießen. Gib die Gelatine dazu und löse sie unter Rühren voll-
ständig auf. Schütte das Vogelfutter dazu und rühre die Mischung
zwei bis drei Minuten lang gründlich durch.
Schneide den Trinkhalm in etwa 2 cm lange Stücke. Lege einen
Bogen Backpapier auf ein Tablett oder Backblech und stelle die
Ausstechformen darauf.
Fülle mit einem Teelöffel die Vogelfuttermischung in die Formen.
Stecke ein Trinkhalmstück in jede Form, damit dort später ein
Loch zum Aufhängen bleibt. Drücke die Mischung mit dem Löffel
gründlich an.
Lass die Anhänger zwei Stunden trocknen. Drehe sie dann um,
wobei du den Trinkhalm vorsichtig auf die andere Seite durch-
schiebst.
Nach weiteren zwei Stunden kannst du die Anhänger dann vor-
sichtig aus den Förmchen drücken. Lasse sie noch einmal
über Nacht trocknen, bevor du sie mit einem dicken
Faden aufhängst.

**Für 5 bis 6 Anhänger
brauchst du:**
80 ml Wasser
1 Päckchen gemahlene Gelatine
(oder 6 Blatt Gelatine)
300 ml Streufutter für Vögel
1 Trinkhalm
(nicht zu kleine) Ausstechformen

Weihnachten woanders

Das skandinavische Luciafest hat Lieselotte und ihren Freunden viel Spaß gemacht. Deshalb hat die Bäuerin heute noch weitere Weihnachtsbräuche und ein Weihnachtslied aus anderen Ländern herausgesucht.

Englische Christmas Cracker

Die mit kleinen Geschenken gefüllten »Knallbonbons« sind eine englische Weihnachtstradition. Man kann Spielzeuge hineintun, aber auch Papierkronen oder Zettel mit Sprüchen oder Witzen. Schneide ein Stück (nicht zu dickes) Geschenkpapier auf die Größe eines DIN-A4-Blattes. Wickle eine Toilettenpapierrolle darin ein und befestige das Geschenkpapier mit etwas Klebeband. Binde ein Ende mit Geschenkband wie ein Bonbon zu. Fülle die Rolle durch das andere Ende mit den Geschenken. Binde dann auch dieses Ende mit Geschenkband zusammen.

Zwei Personen können jetzt an dem Christmas Cracker ziehen, bis er auseinanderreißt. Derjenige, der dabei die mittlere Rolle in der Hand behält, bekommt die Geschenke, die darin sind.

In den englischen Crackern sorgt ein schmaler, chemisch behandelter Papierstreifen dafür, dass es so richtig laut knallt. Aber auch diese leisere Variante macht viel Freude.

Für 2 Bleche brauchst du:

390 g Mehl
250 g weiche Butter
60 g Puderzucker
1 Eigelb
1 Päckchen Vanillezucker
1 Prise Salz
100 g gehackte Mandeln
Gewürznelken
Puderzucker zum Bestäuben
evtl. 1 EL Rosenwasser

Griechische Weihnachtsplätzchen – Kourabiedes

Heize den Backofen auf 180 Grad (160 Grad Umluft) vor. Siebe das Mehl in eine Schüssel.

Mixe in einer anderen Schüssel die Butter und den Puderzucker mindestens 5 Minuten lang mit dem Handrührgerät, so dass eine schöne schaumige Masse entsteht. Gib das Eigelb, den Vanillezucker und das Salz dazu und mixe alles noch einmal kräftig durch. Schütte das Mehl und die Mandeln dazu und rühre sie mit dem Handrührgerät kurz unter, so dass ein bröseliger Teig entsteht. Lege zwei Backbleche mit Backpapier aus. Forme aus dem Teig mit den Händen etwa walnussgroße Kugeln und setze sie mit etwas Abstand auf die Backbleche. Drücke jede Kugel etwas flach und stecke eine Gewürznelke in die Mitte.

Backe die Kourabiedes für etwa 15–20 Minuten, bis sie gerade beginnen, braun zu werden. Lass die Kourabiedes dann kurz etwas abkühlen und bestäube sie dick mit Puderzucker. Wer mag, kann sie vorher noch mit ein wenig Rosenwasser bestreichen. Bewahre die Kourabiedes in einer Dose auf. Und ziehe vor dem Essen immer noch die Nelke heraus.

We wish you a merry Christmas

Text und Melodie aus England (West Country)

1. We wish you a mer-ry Christ-mas, we
wish you a mer-ry Christ-mas, we wish you a mer-ry
Christ-mas and a hap-py New Year. Good tid-ings we
bring to you and your kin, we wish you a
mer-ry Christ-mas and a hap-py New Year.

Spielen in Schnee und Eis

Heute ist ein besonders kalter Tag. Als Lieselotte aus dem warmen Kuhstall kommt, hat sie gleich eine kleine Atemwolke vor ihrem Maul. Der Postbote zeigt Lieselotte, wie man einen Schnee-Engel macht. Und bei der Kälte kann man draußen noch vieles anderes tun.

Für den **Schneeball-Weitwurf** zeichnest du mehrere Ringe in den Schnee und stellst einen Eimer in die Mitte. Aus einiger Entfernung können nun Schneebälle geworfen werden. Wer in den äußeren Ring trifft, erhält einen Punkt. Der nächste Ring ist 2 Punkte wert und so weiter. Die meisten Punkte bekommt natürlich, wer in den Eimer trifft.
Mit Schneebällen kannst du auch eine ganze Gruppe von **Minischneemännern** bauen.
Wenn du Wasser mit Lebensmittelfarbe einfärbst, kannst du damit den **Schnee bemalen**.
Oder du tropfst mit grün eingefärbtem Wasser die Spur für eine **Schnee-Schnitzeljagd**.

Eisornamente

Nimm einen Plastikuntersetzer für Blumentöpfe und lege verschiedene bunte Sachen hinein, zum Beispiel Beeren, Blätter, Orangenscheiben oder Murmeln. Fülle den Untersetzer mit Wasser auf und lege auch noch ein Stück Schnur als Aufhänger hinein.

Wenn du den Untersetzer über Nacht bei Frost nach draußen stellst, kannst du am nächsten Tag das Eisornament aufhängen. (Im Tiefkühlfach geht das natürlich auch.)

Eislaternen

Du brauchst zwei Plastikgefäße (Eimer, Joghurtbecher …): ein größeres und ein kleineres, das sich in das größere hineinstellen lässt. Fülle in das größere Gefäß ein paar Zentimeter Wasser und lass dieses über Nacht gefrieren. Dann stellst du das kleinere Gefäß hinein, beschwerst es mit Steinen und füllst den Zwischenraum mit Wasser. Du kannst zur Dekoration auch hier Beeren und Blätter dazugeben. Wenn alles gefroren ist, löst du die beiden Gefäße, indem du etwas warmes Wasser über sie laufen lässt. Jetzt hast du eine Eislaterne, in die du eine Kerze stellen kannst.

Auf die Plätzchen, fertig, los!

Nun dauert es nicht mehr lange bis Weihnachten. Höchste Zeit, noch mehr Plätzchen zu backen, damit es an den Feiertagen auch genug zum Knabbern, Knuspern und Krümeln gibt.
Deswegen hat die Bäuerin heute ihre Schürze umgebunden und die Küche zur Weihnachtsbäckerei erklärt.

Plätzchen zum Ausstechen

Für 3 Bleche brauchst du:

380 g Mehl
2 TL Backpulver
100 g Butter
180 g Zucker
1 Päckchen Vanillezucker
2 Eier
einige Tropfen Backaroma Vanille
oder Zitrone

Siebe das Mehl in eine große Schüssel. Gib das Backpulver dazu und vermische alles gründlich mit einem Löffel.
Verquirle in einer anderen Schüssel mit dem Handrührgerät die Butter, den Zucker, den Vanillezucker, die Eier und das Aroma. Gib die Butter-Zucker-Mischung zum Mehl in die große Schüssel und verknete alles mit den Knethaken des Handrührgerätes zu einem gleichmäßigen Teig.
Knete den Teig kurz mit den Händen weiter und forme eine Kugel. Wickle die Kugel in Frischhaltefolie und lege sie für mindestens 45 Minuten in den Kühlschrank.

Heize den Backofen auf 200 Grad (180 Grad Umluft) vor. Lege ein Backblech mit Backpapier aus.

Hole den Teig aus dem Kühlschrank und teile ihn in drei Teile. Forme aus einem Teil eine Kugel und lege den Rest wieder in den Kühlschrank. Bestreue die Arbeitsfläche mit etwas Mehl und reibe eine Teigrolle mit Mehl ein.

Rolle die Teigkugel auf der Arbeitsfläche etwa 5 mm dick aus. Stich mit Ausstechern Plätzchen aus und lege sie auf das Backblech. Schiebe das Backblech auf die mittlere Schiene des Backofens. Backe die Plätzchen 5–10 Minuten, bis sie an den Rändern leicht braun werden. Dann nimmst du das Backblech heraus und lässt die Plätzchen abkühlen.

Mache das Gleiche mit den beiden anderen Teigportionen.

Du kannst die Plätzchen vor dem Backen verzieren, indem du sie mit Eigelb oder Kondensmilch einpinselst und mit Streuseln oder gehackten Nüssen bestreust.

Oder du bestreichst die Plätzchen nach dem Backen mit Kuvertüre oder Zuckerguss. Die Kuvertüre bereitest du am besten wie auf der Packung angegeben zu. Für den Zuckerguss gibst du 100 g Puderzucker in eine Schüssel und rührst tröpfchenweise so viel Milch oder Zitronensaft (etwa 3 EL) unter, bis die Mischung so dickflüssig ist wie Honig. In den noch weichen Guss kannst du dann Perlen oder Streusel drücken.

Waffeleisen-Plätzchen

Mithilfe eines Erwachsenen kannst du auch etwa kirschgroße Kugeln aus dem Teig formen und im Waffeleisen wie Waffeln kurz backen.

ZUCKERGUSS MIT LEBENSMITTELFARBE EINGEFÄRBT

ZUCKERGUSS UND KUVERTÜRE INEINANDER MISCHEN

PUDERZUCKER

STERNANIS

GEFRIERBEUTEL MIT ABGESCHNITTENER ECKE

MÖHRENSTÜCK ALS NASE

MARSHMALLOW ODER WEISSE PRALINE

WEISSER ZUCKERGUSS

VORSICHTIG RUNTERDRÜCKEN

Frisch verpackt

Man kann ja dem armen Weihnachtsmann und dem Christkind nicht die ganze Arbeit aufhalsen. Deswegen haben sich die Hofbewohner auch gegenseitig Geschenke gebastelt. Und der halbe Spaß beim Geschenkebekommen ist bekanntlich das Auspacken. Aber dafür muss das Geschenk natürlich erst einmal schön verpackt werden …
Statt gekauften Geschenkpapiers kannst du auch Tapetenreste oder Zeitungspapier verwenden. Oder du bastelst selbst etwas. Als Ausgangsmaterial brauchst du dafür große Bogen Papier oder Packpapier. Das kannst du dann auf verschiedene Arten verschönern.

Papier bedrucken

Zum Beispiel kannst du das Papier mit Plätzchenausstechern bedrucken. Und aus alten Toilettenpapierrollen lassen sich Herzstempel und andere Formen basteln. Gib auf einen Pappteller einen oder mehrere Kleckse Finger-, Acryl- oder Plakafarbe. Tauche die Ausstechform oder die Toilettenpapierrolle ein wenig in die Farbe und drücke sie dann vorsichtig auf das Papier. Denke aber daran, die Ausstecher anschließend gründlich zu waschen!

← FINGER-ABDRÜCKE

ROLLE PLATTDRÜCKEN

EINEN KNICK NACH INNEN DRÜCKEN

KLEBE-BAND

PAPP-TELLER

FARBE

Wasserfarben-Muster

Auch mit Wasserfarben lässt sich das Papier verschönern. Tropfe einige Kleckse wässrige Farbe auf das Papier und puste sie dann mit einem Trinkhalm oder Föhn kreuz und quer über die Fläche.

Bunte Punkte

Mische mit einem Pinsel mehrere Farben auf einem Stück Luftpolsterfolie und drücke die Folie dann vorsichtig auf das Papier: Heraus kommt ein schönes Muster mit bunten Punkten.

Wachsmal-Papier

Schneide mit einem Gemüseschäler kleine Krümel und Späne von Wachsmalstiften und lasse sie auf das Papier fallen. Bitte einen Erwachsenen, das Papier zwischen zwei Bogen Wachs- oder Backpapier zu bügeln, so dass die Wachsmalerstückchen schön in das Papier schmelzen.

Geschenkanhänger

Damit man sehen kann, wer welches Geschenk bekommen soll, kannst du den Anfangsbuchstaben der Person aus Tonkarton schneiden, mit dem Locher lochen und mit Geschenkband an das Päckchen binden. Auch aus alten Weihnachtskarten lassen sich kreative Anhänger schneiden. Stanze wieder ein Loch zum Anbinden hinein und schreibe den Namen des Beschenkten auf die Rückseite.

NATÜRLICH KANNST DU DAS PAPIER AUCH EINFACH BEMALEN.

In der Winternacht

Wie kann es so früh schon dunkel werden? Dabei wollte Lieselotte doch draußen noch etwas spielen. Aber statt in den Kuhstall zu gehen, schaut sie lieber bei der Bäuerin im Haus vorbei. Und die erzählt ihr heute, dass die langen, dunklen Nächte schon immer ein wichtiger Teil der Weihnachtszeit waren. Die Nächte um den 21. Dezember sind nämlich die längsten im ganzen Jahr. Früher, als die Häuser und Straßen noch nicht mit elektrischem Licht beleuchtet waren, muss diese Zeit besonders dunkel gewesen sein. Und auch damals haben sich die Leute gerne ein wenig gegruselt und sich unheimliche Geschichten erzählt. Das kannst du heute noch an vielen Weihnachtsbräuchen erkennen.

Während der Nikolaus in vielen Regionen den düsteren Knecht Ruprecht als Begleiter hat, bringt er in einigen Gebieten im Alpenraum stattdessen die Krampusse mit. Das sind zottelige Schreckgestalten mit langen Hörnern. Es gibt traditionelle Umzüge, bei denen als Krampus verkleidete Leute mit lärmenden Glocken durch die Straßen ziehen und die Fußgänger erschrecken. In einigen Teilen Italiens bringt nicht der Weihnachtsmann oder das Christkind die Geschenke, sondern eine alte Frau namens Befana, die wie eine Hexe auf einem Besen fliegt.
In nördlichen Ländern spielen zu Weihnachten Wichtel und Kobolde eine wichtige Rolle. In Schweden werden die Hauswichtel, die Tomtes, zu Weihnachten mit einer Schüssel Milchbrei belohnt. In Dänemark und Norwegen heißen die Hauswichtel Nissen. Die Julenissen helfen dem Weihnachtsmann beim Basteln der Geschenke.
In Island kommen sogar dreizehn Trolle, die Jólasveinar, zu Besuch und richten allerlei Schabernack an. Der erste Troll erscheint am 12. Dezember, anschließend kommt jede Nacht ein weiterer dazu, um Milch und Essenreste zu stibitzen oder Lärm zu machen. Am Heiligabend sind dann alle zusammen. Bis zum 6. Januar verlassen sie dann wieder einer nach dem anderen das Haus.

Um die Dunkelheit ein wenig aufzuhellen, haben die Hofbewohner heute noch Lichter gebastelt.

Walnussboote

Du brauchst einige Walnusshälften und Kerzendochte mit Metallfuß. Die kannst du entweder im Bastelladen kaufen oder aus Teelichtern herausziehen. Damit die Walnussschale sicher steht, stellst du sie in den Metallnapf eines Teelichts. Tropfe mit einer Kerze einige Tropfen Wachs in die Walnussschale und drücke dann den Docht hinein. Nun kannst du mit der Kerze die Nussschale komplett volltropfen. Die Walnusskerzen lässt du dann in einer Schüssel mit Wasser schwimmen. Besonders hübsch sieht es aus, wenn du Wachs in verschiedenen Farben verwendest.

Schneewindlicht

Wickle eine Schnur oder mehrere Gummibänder straff um ein Glas herum. Sprühe das Glas mit Hilfe eines Erwachsenen rundum mit weißem Farbspray an. Wenn die Farbe getrocknet ist, kannst du die Schnur oder die Gummis entfernen und eine Kerze in das Glas stellen. Falls du keine Sprühfarbe verwenden willst, kannst du das Glas auch mit etwas Klebeband umwickeln und mit normaler weißer Farbe anpinseln.

O Tannenbaum!

Was wäre Weihnachten ohne einen Weihnachtsbaum? Deswegen sind die Bauernhofbewohner heute zusammen in den Wald gegangen und haben sich einen schönen Tannenbaum ausgesucht.

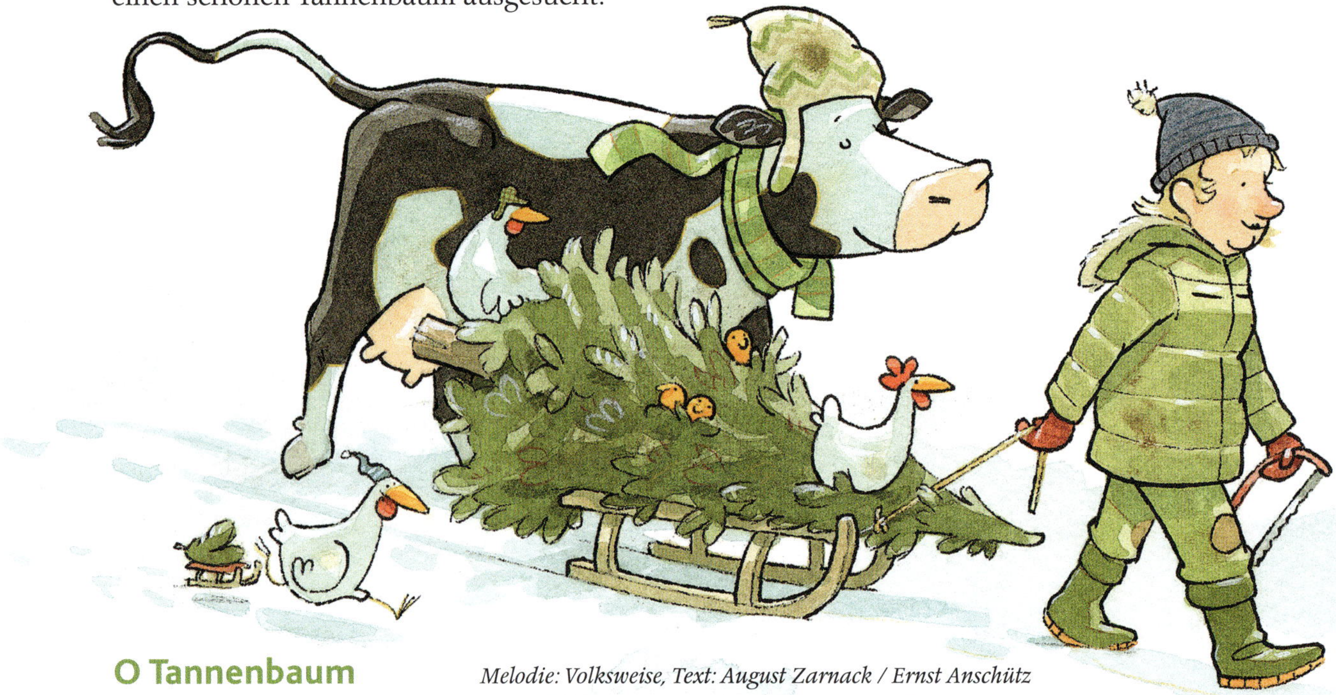

O Tannenbaum

Melodie: Volksweise, Text: August Zarnack / Ernst Anschütz

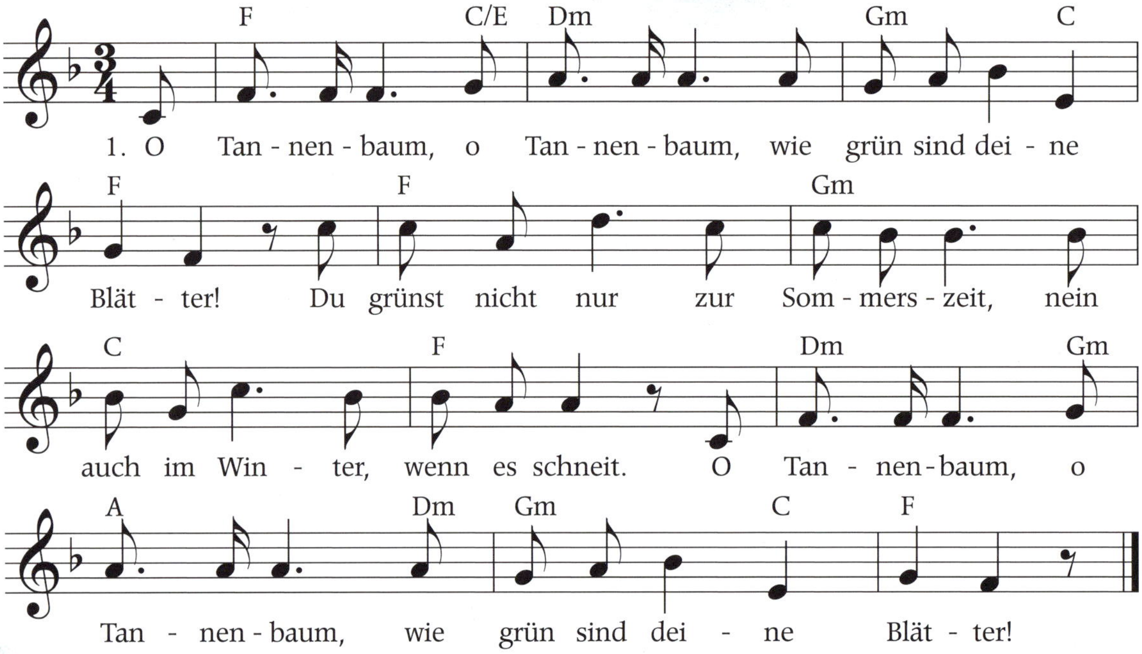

1. O Tan - nen - baum, o Tan - nen - baum, wie grün sind dei - ne Blät - ter! Du grünst nicht nur zur Som - mers - zeit, nein auch im Win - ter, wenn es schneit. O Tan - nen - baum, o Tan - nen - baum, wie grün sind dei - ne Blät - ter!

2. O Tannenbaum, o Tannenbaum,
du kannst mir sehr gefallen!
Wie oft hat nicht zur Weihnachtszeit
ein Baum von dir mich hoch erfreut!
O Tannenbaum, o Tannenbaum,
du kannst mir sehr gefallen!

3. O Tannenbaum, o Tannenbaum,
dein Kleid will mich was lehren:
Die Hoffnung und Beständigkeit
gibt Trost und Kraft zu jeder Zeit,
o Tannenbaum, o Tannenbaum,
dein Kleid will mich was lehren.

Girlanden

Natürlich muss so ein Tannenbaum auch festlich geschmückt werden. Eine gute Möglichkeit sind bunte Papiergirlanden, die man um den Baum wickeln kann.

Papierkette

Schneide aus fester Pappe ein etwa 21 cm langes und 3 cm breites Rechteck aus. Benutze das Rechteck als Schablone, um Streifen aus altem Geschenkpapier, Zeitungen oder Zeitschriften zu schneiden.
Forme aus einem Streifen einen Ring, indem du die Enden übereinanderlegst und festtackerst. Ziehe einen zweiten Papierstreifen durch diesen Ring und tackere auch dessen Enden zusammen. Fahre so fort, bis du eine schöne lange Kette hast. Statt der Heftklammern kannst du natürlich auch Klebstoff benutzen.

Herzgirlande

Schneide wie bei der Papierkette mit einer Schablone Papierstreifen aus, die etwa 29 cm lang und 2 cm breit sind.
Falte einen Streifen einmal in der Mitte. Nimm die freien Enden und forme aus dem Streifen ein Herz. Lege wie auf dem Bild einen weiteren gefalteten Streifen zwischen die beiden Enden und tackere die Enden zusammen. Fahre so fort, bis die Girlande lang genug ist.

Weihnachtskartenkette

Schneide aus alten Weihnachtskarten Motive, die dir gut gefallen, aus und reihe sie auf einer Schnur auf. Um Kreise auszuschneiden, kannst du ein Glas als Schablone verwenden.

RÜCKSEITE

KLEBESTREIFEN

Wir schmücken den Baum

Jetzt ist der Tannenbaum in der guten Stube aufgestellt. Die Bäuerin steht auf der Leiter und legt Girlanden um die Äste. Und die anderen haben allerlei Anhänger gebastelt, um den Baum noch schöner zu machen.

Wachsanhänger

Fülle etwas Wasser in einen tiefen Teller und stelle einen Plätzchenausstecher hinein. Tropfe mit einer Kerze Wachs in den Ausstecher. Wenn die Wachsschicht dick genug ist, lässt du den Anhänger abkühlen. Löse ihn dann vorsichtig heraus und bitte einen Erwachsenen, mit einer heißen Nadel ein Loch für eine Schnur zum Aufhängen hineinzustechen. Du kannst auch Wachs in die leeren Plastikförmchen eines Schokoladen-Adventskalenders tropfen.

Wollsterne

Schneide aus Wellpappe einen Kreis aus und mache rundherum kleine Einschnitte hinein. Nimm ein paar Wollreste und wickle sie kunterbunt um den Kreis herum.

Toilettenpapierrollen-Sterne

Drücke eine Toilettenpapierrolle flach und schneide sie in sechs Ringe. Tackere fünf oder sechs dieser Ringe mit einem Hefter so aneinander, dass sie einen Stern bilden. Statt des Hefters kannst du auch Klebstoff nehmen. Verschönere den Stern mit Farbe und Glitter.

Bunte Kugeln

Durchsichtige Plastikkugeln zum Selbstbefüllen bekommst du in vielen Bastelläden. Du kannst sie mit allem füllen, was dir einfällt und durch die Öffnung passt. Für bunte Kugeln gibst du einige Krümel von Wachsmalstiften hinein. Dann erhitzt du die Kugel vorsichtig mit einem Föhn. Drehe die Kugel dabei, damit die Farbe bunte Streifen zieht.

Strohsterne

Nimm drei oder vier flache und etwa gleich lange Stücke von einem Strohhalm. Fixiere sie wie auf dem Bild mit einer Nadel auf einem Korken. Webe einen Faden mehrmals um den Stern herum, wechsle dabei auch mindestens einmal die Richtung. Verknote zum Schluss die Enden des Fadens.

Knopf-Tannenbaum

Sortiere alte Knöpfe nach Farbe und Größe, so dass sie übereinandergestapelt einen Tannenbaum bilden. Fädle sie dann wie auf dem Bild auf einen Faden auf.

Nikolaus und Schneemann

Mit Plaka- oder Acrylfarben kannst du alte Glühbirnen phantasievoll bemalen.

Wir warten auf Weihnachten

Lieselotte und ihre Freunde sind sehr aufgeregt: Endlich ist Heiligabend! Nur dauert es bis zum Abend und zur Bescherung leider noch ein paar Stunden. Was kann man nur tun, damit die Zeit bis dahin schneller vergeht? Wie wäre es mit ein paar Spielen zum Zeitvertreib?

Ich packe in mein Prachtpaket …

Stell dir vor, du bist der Weihnachtsmann und musst heute noch ganz schnell ein großes Geschenk für jemanden packen. Was könntest du in das Paket tun? Reihum muss jedes Kind einen Vorschlag machen, dabei aber auch jedes Mal die Geschenkideen der vorangegangenen Kinder aufzählen. Das erste Kind sagt also: »Ich packe in mein Prachtpaket … einen Apfel.« Das zweite Kind sagt: »Ich packe in mein Prachtpaket einen Apfel … und ein Raumschiff!« und so weiter.

Wer etwas vergisst oder die Reihenfolge vertauscht, scheidet aus. Noch lustiger wird das Spiel, wenn jedes Geschenk von einer Bewegung begleitet wird und man zum Beispiel beim Wort »Apfel« so tun muss, als ob man in einen großen Apfel beißt.

Es klopft am Weihnachtsabend an die Tür

Das gespannte Warten am Heiligabend kann auch die Phantasie anregen. Stell dir vor, jetzt klopft (oder klingelt) es plötzlich an der Haustür. Ist das vielleicht der Weihnachtsmann oder das Christkind, das viel zu früh erscheint, weil es ein großes Problem hat und dabei deine Hilfe braucht? Oder steht da noch jemand ganz anderes vor der Tür? Mit mehreren Kindern kann man die Geschichte gemeinsam weiterspinnen und reihum trägt jeder jeweils einen Satz dazu bei. Das erste Kind beginnt: »Es klopft am Weihnachtsabend an der Tür.« Das zweite Kind fährt dann fort: »Im Hausflur steht Frau Brömmelkamp aus dem zweiten Stock … in einem Taucheranzug!«

Du kannst dir natürlich auch eine schöne Geschichte vorlesen lassen. Wie wäre es mit der, die hier folgt?

Lieselottes
Weihnachts-
geschenk

In der letzten Zeit waren Lieselotte und die Bäuerin morgens beim Melken immer ein wenig zerstreut. In diesem Jahr hatten die beiden nämlich beschlossen, einander zu Weihnachten etwas Selbstgemachtes zu schenken.

Das Schöne an selbstgemachten Geschenken ist, dass sie kein Geld kosten.

Das Dumme ist, dass man sie selbst machen muss.

Doch bevor man mit dem Machen überhaupt anfangen kann, braucht man eine gute Idee. Von früh bis spät überlegten Lieselotte und die Bäuerin deshalb, was sie einander basteln könnten.

Beim Kaffee-
kochen …

… beim Postaustragen …

… beim Eier-
einsammeln …

… und sogar
beim Spielen.

Aber heute hatte die Bäuerin endlich eine Idee. Sie hatte beim Melken tief in Gedanken die kahle Stallwand angestarrt und dann beschlossen, Lieselotte ein schönes Bild zu malen.

»Gott sei Dank«, sagte sich die Bäuerin. »Jetzt kann ich endlich mit der Überlegerei aufhören und loslegen.« Vergnügt holte sie ihren Farbkasten aus dem Schrank und setzte sich an ihre Staffelei. Nur … was sollte auf das Bild drauf?

Ärgerlich ließ die Bäuerin ihren Pinsel wieder sinken und schaute sich in der Küche um. Vielleicht könnte sie die Schüssel mit den Äpfeln malen. Die sahen lecker aus.

56

Das sahen die Schweine
genauso.

Also suchte die Bäuerin nach einem neuen Motiv.
Der Stuhl war zu langweilig und der Ofen zu schwierig.
Für den Blumenstrauß brauchte sie Lila, und Lila war alle.
Da fiel ihr Blick auf den Haufen Müll in der Ecke.
Natürlich. Eine Berglandschaft! Jeder mag eine schöne
Berglandschaft.

Auch Lieselotte war inzwischen etwas eingefallen.
Sie hatte beim Melken tief in Gedanken an die Stalldecke
mit der kahlen Glühbirne gestarrt und dann gedacht:
»Natürlich. Ein Lampenschirm! Jeder kann einen schönen
Lampenschirm gebrauchen.«
Sie machte sich (mit ein wenig Hilfe) direkt ans Werk, um
der Bäuerin aus alten Plastikflaschen einen bunten Kron-
leuchter zu basteln.

Pünktlich zu Heiligabend wurden die beiden mit ihren Geschenken fertig.
Die Bäuerin machte einen letzten Pinselstrich und betrachtete voller Stolz ihr Werk.
»Das ist aber sehr schön geworden«, sagte sie sich. »Und es würde perfekt zum
Sofa in der guten Stube passen!«
Sie hielt das Bild über das Sofa, trat eine Armlänge zurück und war begeistert.
Doch dann fiel ihr ein, dass das Bild ja ein Geschenk für Lieselotte war und sie es
nicht behalten konnte …

Auch Lieselotte und der
Postbote freuten sich, als
der Kronleuchter fertig
war.
Der Postbote stieg gleich
auf eine Leiter und hielt
ihn an die Stalldecke.
An den Wänden funkel-
ten hundert bunte Punkte.
Lieselotte war entzückt.

»Da wird sich die Bäuerin
aber freuen«, sagte der
Postbote und nahm das
Geschenk wieder herunter.
Traurig ließ Lieselotte den
Kopf sinken …

Gemeinsam gingen sie ins Haus, um der Bäuerin das Geschenk zu geben.
Die Bäuerin hatte zwar schon Lampenschirme, aber sie banden den neuen einfach
darunter. »Was für ein hübsches Geschenk«, sagte die Bäuerin. »Und so praktisch.«
Dann gab die Bäuerin Lieselotte ihr Geschenk.

»Oh wie schön«, sagte der Postbote. »Ein Bild für Lieselottes Stall.«
»Und es passt perfekt zum Sofa«, sagte die Bäuerin leise.
»Wie wundervoll!«, sagte der Postbote. »Dann muss das Sofa auch in den Kuhstall!«

Also trugen sie das Sofa in Lieselottes Stall.

Im Kuhstall schwiegen alle ein wenig
und starrten an die Decke.

»Mir ist noch nie aufgefallen, wie häss-
lich diese Glühbirne ist«, sagte die
Bäuerin schließlich. »Eigentlich könntest du den Lampenschirm viel besser
gebrauchen als ich.«
Das sah Lieselotte genauso. Also beschlossen beide, das Geschenk für den
anderen aufzubewahren. Der Postbote
ging gleich los und holte den bunten
Kronleuchter aus dem Haus.

Und später trugen sie auch noch das
Sofa zurück in die gute Stube und
hängten das Bild darüber auf. Und die
Bäuerin schob die Blumentöpfe auf
der Fensterbank ein wenig zur Seite,
damit Lieselotte immer ihr Geschenk
angucken konnte, wenn sie Lust auf
ein wenig Kunst hatte.

Aber erst einmal blieben sie im Kuhstall und feierten Weihnachten.

Weitere Informationen zum Kinder- und Jugendbuchprogramm
der S. Fischer Verlage finden sich auf www.blubberfisch.de und
www.fischerverlage.de

FSC
www.fsc.org
MIX
Papier aus verantwor-
tungsvollen Quellen
FSC® C004592

2. Auflage 2016

Erschienen bei FISCHER Sauerländer

© 2015 S. Fischer Verlag GmbH, Hedderichstr. 114, D-60596 Frankfurt am Main
Alle Rechte vorbehalten
Umschlaggestaltung und Satz: Norbert Blommel, MT-Vreden,
unter Verwendung einer Illustration von Alexander Steffensmeier
Druck und Bindung: Firmengruppe Appl, aprinta druck GmbH, Wemding
Printed in Germany
ISBN 978-3-7373-5239-0

Fröhliche Weihnachten!